Jürgen Ehlers
RATTEN AM BULLENHUSER DAMM

Ratten am Bullenhuser Damm

JÜRGEN EHLERS

1. Auflage
Deutsche Erstausgabe Juni 2020
Umschlaggestaltung: Laura Newman
- design.lauranewman.de -
Grafiken im Text Jürgen Ehlers
unter Verwendung von DAZ3D und Corel PHOTO-PAINT

Alle Rechte, einschließlich das des vollständigen oder auszugsweisen Nachdrucks, in jeglicher Form sind vorbehalten.
Impressum
Bibliografische Information der Deutschen Nationalbibliothek: Die Deutsche Nationalbibliothek verzeichnet diese Publikation in der Deutschen Nationalbibliografie; detaillierte bibliografische Daten sind im Internet über dnb.dnb.de abrufbar.
© 2020 Ehlers, Jürgen
Herstellung und Verlag: BoD – Books on Demand, Norderstedt

ISBN: 9783751952330

Da war sie, die Schule. Sie stand noch genauso da, wie er sie in der Erinnerung hatte. Das wuchtige Bauwerk hatte die Bombenangriffe der Engländer fast unbeschadet überstanden. Im Gegensatz zur Umgebung. Die Stadtteile Rothenburgsort, Hammerbrook und Billbrook existierten nicht mehr. Als hier keine Schule mehr gebraucht wurde, hatte die SS das Gebäude requiriert. Im April 1945 war Alfred Trzebinski zuletzt hier gewesen. Inzwischen war so viel geschehen. Der Krieg war vorbei. Und jetzt, fünf Monate später, hatte sich das Leben normalisiert.

Die meiste Zeit dachte Alfred nicht mehr an das, was hier vorgefallen war. Das Schulgebäude stand leer. Niemand hatte bisher das beschädigte Dach repariert, aber das würde schon noch kommen. Die Sonne schien. Und er hatte sich überzeugt:

Das Ereignis aus dem Frühjahr hatte keine Spuren hinterlassen. Dennoch gefiel Alfred das Gemäuer nicht. Es sah aus wie eine Kaserne.

Alfred wischte diesen Gedanken beiseite. Es war eine ganz normale Schule wie jede andere Schule auch. Nur er war es, der nicht normal war. Nein, das war Unsinn. Er hätte nicht herkommen sollen.

Er wollte fortgehen, als er die Reliefs an dem Anbau entdeckte. Sie zeigten spielende Kinder, kleine Jungen und Mädchen, und das Mädchen auf dem linken Bild, das sah genauso aus wie Maria.

Nein, das war zu viel, das konnte er nicht aushalten, das wollte er nicht sehen. Er hob einen Stein auf und warf nach dem Mädchen, aber er traf nicht. Auch der zweite Wurf ging fehl, und mit dem dritten Stein ging die Scheibe des benachbarten Fensters zu Bruch.

„He, was machen Sie denn da?" Das war der Hausmeister. „Sie können hier doch nicht mit Steinen werfen! Das ist eine Schule, ein öffentliches Gebäude! Machen Sie, dass Sie wegkommen!"

Alfred ging nicht weg. Er kannte den Mann. Es war noch immer derselbe Hausmeister wie im April. „Ich habe das Fenster kaputt gemacht", sagte er.

Der Hausmeister setzte seine Brille auf. Jetzt erkannte er Alfred. „Ach Sie sind das, Herr Doktor!"

„Tut mir leid, das mit der Scheibe."

„Was machen Sie denn für Sachen?" Der Mann schüttelte den Kopf.

Alfred erzählte, dass er auf das Relief gezielt hatte. „Das Mädchen", sagte er. „Das Kind sieht genauso aus ..."

Der Hausmeister unterbrach ihn. „Das ist alles vorbei", sagte er. „Es gab Befehle, und die mussten befolgt werden. Was geschehen ist, das ist nicht zu ändern. Und es hilft überhaupt nichts, wenn man sich deswegen heute noch Gedanken macht. Ich mache mir auch keine Gedanken mehr deswegen."

„Sie sind ja auch nicht dabei gewesen", sagte Alfred.

„Ich bin nahe genug dabei gewesen", erwiderte der Hausmeister. „Nahe genug. Aber ich habe gewusst, dass mich das nichts anging. Das war alles Sache der SS. Ich bin ins Bett gegangen,

und ich hab geschlafen. Und am nächsten Morgen, als ich aufgewacht bin, da waren alle längst weg. Nur das Zeug lag noch da und die Spielsachen. Die hab ich in den Ofen geschmissen und verbrannt. Ist besser, hab ich gedacht."

„Ja, das war sicher das Beste." Alfred seufzte.

Der Hausmeister kam noch einen Schritt näher und sah ihm direkt ins Gesicht. „Sie machen sich zu viele Gedanken, Herr Doktor. Gehen Sie nach Hause, und schlafen Sie sich aus."

„Die Scheibe …"

„Die lasse ich austauschen. Das ist kein Problem. Es geht immer mal was zu Bruch."

Alfred war nirgendwo zu Hause. Er traute sich nicht, zu seiner Familie zurückzukehren. Falls er wirklich polizeilich gesucht werden sollte, würde man ihn dort zuerst vermuten. Daher wohnte er jetzt provisorisch im Keller eines zerbombten Hauses in der Billstraße.

Bis zum Winter würde er ein besseres Quartier brauchen. Vielleicht müsste er dann doch in eine der Notunterkünfte ziehen, die überall in Hamburg errichtet worden waren. Nissenhütten zumeist. Schlichte Behausungen aus Wellblech. Die boten wenig Schutz gegen die Kälte, aber die waren jedenfalls beheizbar.

Dieser Keller ließ sich nicht heizen. Und wenn Carmen auf der Brennhexe irgendetwas kochte oder briet, dann war hinterher der ganze Raum so voller Rauch, dass einem die Augen tränten.

Carmen – welch ein Glück, dass er sie gefunden hatte. Er wohnte bei ihr, keine 300 Meter von der Schule entfernt. Die Häuser in der Billstraße waren völlig zerstört, und die Ruinen standen leer.

Auch Carmen war unterwegs zu der Schule am Bullenhuser Damm. Sie hatte in einem verlassenen Schrebergarten auf der Billerhuder Insel eine Rose ausgegraben, unter dem Protest eines alten Mannes, der damit gedroht hatte, die Polizei zu rufen. Sie hatte nur gelacht.

Es gab kein Telefon, mit dem er die Polizei hätte rufen können. Und selbst wenn er die Polizei erreicht hätte, wäre sie nicht gekommen, nur weil jemand auf einem verlassenen Grundstück eine Rose ausgraben wollte.

Carmen wusste, was in der Schule am Bullenhuser Damm passiert war. Sie wollte eine Blume pflanzen für die toten Kinder. Bei ihrem ersten Besuch im Juli hatte sie nur Weidenröschen gehabt, die Trümmerblumen, die überall zwischen den zerstörten Häusern wuchsen.

Sie hatte sie direkt auf dem Schulhof pflanzen wollen, aber das hatte der Hausmeister untersagt. Und außerhalb des Schulgeländes waren ohnehin schon genügend Trümmerblumen, sodass es keinen großen Unterschied machte, wenn sie noch ein paar dazu pflanzte.

Die Rose jetzt, das war eine richtige Blume, und es war ein Zeichen, ein deutlich sichtbares Symbol, dass nicht alles vergessen war, sondern dass sich noch jemand um diese Dinge kümmerte.

Dabei kannte sie keines der toten Kinder. Es waren keine Kinder aus Hamburg gewesen, sondern eine bunte Mischung aus aller Herren Länder.

Die Einzelheiten wussten nicht einmal die Engländer. Die Lagerleitung im KZ Neuengamme hatte rechtzeitig alle Unterlagen vernichtet.

Carmen war 20 Jahre alt. Sie war Jüdin. Sie stammte aus einem kleinen Dorf in der Tschechoslowakei. Ihre Eltern waren tot. Sie selbst hatte in der Außenstelle des KZs in Neugraben zusammen mit vielen anderen Frauen Häuser aus Beton bauen müssen, Notunterkünfte für die Menschen, die im Krieg ihre Wohnungen verloren hatten. Sie war geflüchtet, hatte sich versteckt gehalten.

Aufgefallen war sie erst Ende Mai. Da war der Krieg schon ein paar Wochen vorbei. Sie war in eine Personenkontrolle der Engländer geraten, und sie hatte keine Papiere. Sie hatte dem englischen Offizier erzählt, wer sie war, und der hatte dafür gesorgt, dass sie einen neuen Namen bekam, und dass sie auf diese Weise zu einer Deutschen wurde.

Das war wichtig, denn nur so bekam sie Lebensmittelmarken, und außerdem konnte sie für die Engländer arbeiten, als Übersetzerin. Sie sprach fast so gut Englisch wie Deutsch. Dass sie Carmen heißen sollte, hatte der Engländer vorgeschlagen, wegen ihrer schwarzen Haare und wegen ihrer schönen Stimme. David hieß er.

Sie hatte David auch erzählt, wo sie wohnte. David hatte sie überrascht angesehen und gesagt: „Das ist ja ganz in der Nähe der Schule vom Bullenhuser Damm. Weißt du eigentlich, was da passiert ist?" Und dann hatte er es ihr erzählt.

Carmen beschlich ein merkwürdiges Gefühl, und sie fragte sich, wie Alfred in das Bild passte. Sie hatte es für einen Zufall gehalten, dass er auf der Suche nach einer Unterkunft bei ihr gelandet war. Aber vielleicht war es anders. Und dann hatte sie David nach Alfred gefragt. Alfred Trzebinski.

„Ich werde mich erkundigen", hatte David in Aussicht gestellt. „Aber versprechen kann ich nichts. Wenn er Dreck am Stecken hat, ist der Name wahrscheinlich falsch."

Alfred hieß tatsächlich noch immer Alfred. Er war Standortarzt im KZ Neuengamme gewesen, und er hatte gewusst, dass er nach dem Krieg in Schwierigkeiten kommen würde. Kameraden von der SS hatten ihm den Tipp gegeben, er möge nach Flensburg fahren. Im Polizeipräsidium Norderhofenden 1, da gäbe es neue Papiere für alle, die neue Papiere brauchten. „Rattenlinie Nord" hieß das. Er hatte den Ratschlag befolgt. Es gab viele Ratten, die neue Papiere brauchten.

Alfred konnte jetzt auf Wunsch nachweisen, dass er in der Wehrmacht gedient hatte. Das war zwar auch kein Allheilmittel gegen irgendwelche Verdächtigungen, aber der Beamte in Flensburg hatte ihm versichert, dass die Einheit, der er angeblich angehört hatte, jedenfalls in keine Kriegsverbrechen verwickelt gewesen sei.

Vielleicht hätte er nicht nach Hamburg zurückgehen sollen. Und wenn er schon nach Hamburg ging, hätte er die Umgebung der Schule meiden sollen. Aber dieser Ort zog ihn wie magisch an. Und dann hatte er Carmen getroffen. Sie waren ins Gespräch gekommen, und als sie erfuhr, dass er keine Unterkunft hatte, hatte sie gesagt, er könne die Nacht über bei ihr bleiben. Und aus einer Nacht waren schließlich viele Nächte geworden.

Er hätte es dabei belassen sollen. Er konnte doch froh und glücklich sein, dass er diese junge Frau gefunden hatte, diese arglose junge Frau. Aber er hatte immer noch wissen wollen, ob man etwas sehen konnte an der Schule, ob sie etwas vergessen hatten damals, irgendeine Spur, die sie nicht beseitigt hatten. Seit gestern wusste er, dass es nichts gab. Sie hatten ja nicht geschossen. Und Stricke hinterließen keine Spuren.

Dass er womöglich bei einer Jüdin Unterschlupf gefunden hatte, war ihm erst bewusst geworden, als er ihren Mantel gesehen hatte. Den trug sie natürlich nicht im Sommer. Er hatte einfach da gelegen, auf einem Haufen mit anderen Kleidungsstücken, die im Augenblick nicht gebraucht wurden, und als Carmen schlief, hatte Alfred sich die Dinge angesehen. Der Mantel hatte ein großes, dreieckiges Loch auf dem Rücken. Alfred wusste, was das bedeutete. Carmen kam aus dem KZ.

Über dem Loch war ursprünglich ein farbiges Stoffdreieck aufgenäht gewesen, der „Winkel", an dem man erkennen konnte, was für eine Art von Gefangener sie gewesen war. Jede Farbe hatte eine andere Bedeutung. Rot waren Politische, Grün Kriminelle. Juden trugen zwei gelbe Dreiecke, zum Judenstern übereinander genäht. Und das Loch war dazu da, dass die Häftlinge nicht einfach das Dreieck abtrennen und sich mit einem normalen Mantel aus dem Staub machen konnten.

Carmen hatte offenbar das Dreieck abgetrennt und das Loch anschließend mit einem rechteckigen Flicken aus dunklem

Stoff zugenäht, sehr sauber zugenäht, aber wenn man die Innenseite des Mantels sah, dann war da das dreieckige Loch.

Aber war es wirklich ihr Mantel?

Natürlich konnte sie den Mantel von irgendeinem anderen Menschen bekommen haben – vielleicht gekauft, vielleicht gestohlen. Sie sah nicht aus wie eine Jüdin, fand Alfred. Sie sah nicht so aus, wie er sich eine Jüdin vorstellte.

Aber natürlich hatte er nicht allzu viele Jüdinnen gesehen. Die Jüdinnen im KZ Neuengamme waren nicht im Hauptlager untergebracht, sondern in den Außenstellen. Dort war Alfred nie gewesen.

Am nächsten Morgen, als Carmen zur Arbeit ging, machte Alfred sich wieder auf den Weg zur Schule am Bullenhuser Damm.

„Sie schon wieder", sagte der Hausmeister. „Es ist nicht gut, wenn Sie hier herumlungern. Das fällt auf. Sonst kommt tagelang kein Mensch, aber Sie sind nun schon zum zweiten Mal in zwei Tagen hier auf dem Schulgelände. Frahm ist untergetaucht, habe ich gehört. Sollten Sie auch tun."

Alfred ignorierte den Einwand. „Woran erkennt man, ob die Frau, mit der man zusammenlebt, eine Jüdin ist? Woran kann man erkennen, ob sie womöglich in einem unserer Außenlager eingesessen hat?"

„Indem man sie fragt", erwiderte der Hausmeister knapp.

„Hat sie nicht die Häftlingsnummer eintätowiert?"

„Das fragen Sie mich, Herr Doktor? Ich gehöre nicht zum KZ. Ich gehöre nicht zur SS. Ich bin ganz einfach nur der Hausmeister einer stinknormalen Hamburger Schule, sonst gar nichts. Aber wenn ich mich recht entsinne, dann kamen die weiblichen Häftlinge doch alle aus anderen Konzentrationslagern. Neuengamme war ja überwiegend ein Männerlager. Und wenn die Frauen aus anderen Lagern gekommen sind, dann haben sie da vielleicht eine Nummer eintätowiert bekommen. Mehr weiß ich nicht."

Carmen war wie gewohnt zur Arbeit gegangen. Im Laufe des Vormittags erschien David und sagte: „Ich habe eine schlechte Nachricht für dich. Dieser Alfred Trzebinski wird als Mörder gesucht. Er war der Standortarzt im KZ Neuengamme. Unter anderem war er an der Tötung der Kinder in der Schule beteiligt."

Carmen war entsetzt.

„Wir brauchen den Mann", sagte David.

Carmen schüttelte den Kopf. „Ich will ihn zur Rede stellen."

„Das ist viel zu gefährlich. Überlass uns diese Dinge."

„Nein. Ich war selbst im KZ. Ich habe nur durch Zufall überlebt, weil ich flüchten konnte. Ich will von ihm selbst hören, was er zu dem Vorwurf zu sagen hat."

David begriff, dass er die junge Frau nicht aufhalten konnte. Aber als sie an diesem Tag früher Feierabend machte als sonst, schickte er ihr einen jungen Soldaten hinterher, der feststellen sollte, wo sie wohnte und ob sie den gesuchten KZ-Arzt traf oder nicht.

Es dauerte über drei Stunden, bis der Soldat zurückkam. „Sie hat niemanden getroffen", sagte er. „Sie war draußen auf einer Insel mit verwilderten Gärten. Sie hat nur Blumen gepflückt."

Ja, Carmen war hinausgegangen zur Billerhuder Insel. Heute schien die Sonne nicht, und außer ihr war niemand draußen. Die Blumen, die sie suchte, fand sie in einem Garten, der noch genutzt wurde. Schöne, lilafarbene Blüten. Ähnlich wie Krokusse. Sie pflückte sie alle ab. Sie grub auch einige der Knollen aus. Das Gift der Herbstzeitlosen ist am stärksten in den Blüten konzentriert, aber aus den Blüten allein ließ sich keine Mahlzeit bereiten. Die Zwiebeln sahen aus wie andere Zwiebeln auch. Sie war überzeugt, dass sie lecker schmecken würden.

Carmen war naiv gewesen. Sie hatte geglaubt, der schüchterne, wohlerzogene Mann, der sie angesprochen hatte, weil er auf der Suche nach einer Unterkunft war, dass der harmlos sei. Sie hatte ihn bei sich aufgenommen. Sie hatte mit ihm am Ende sogar das Bett geteilt.

Dem Offizier, der in Neugraben den Säugling nach der Geburt hatte töten lassen, hätte sie auch nichts Böses zugetraut. Aber so waren sie, die Menschen.

Und sie selber?

Jetzt war sie dabei, Gift zu sammeln, um einen anderen Menschen zu töten. Bei aller Wut hatte sie doch das unbestimmte Gefühl, dass sie sich selbst am Ende durch diese Tat mehr schaden würde als ihm, denn wenn sie ihm die Pfanne mit den Herbstzeitlosen servierte, wäre er innerhalb von Stunden tot, aber sie würde den Rest des Lebens mit der Erinnerung an diese Tat verbringen müssen.

Sie war unschlüssig.

Ob ein Mensch harmlos war, konnte man weder an seinem Aussehen noch an seinem Benehmen erkennen. Als Carmen nach Hause kam, sagte sie es Alfred auf den Kopf zu: „Du bist dabei gewesen. Du bist einer von denen, die die Kinder umgebracht haben. Die zwanzig Kinder aus Neuengamme."

Alfred wurde blass. Sie wusste es also. „Ich habe es nicht gewollt", sagte er.

Carmen hob die Augenbrauen. „Mehr hast du dazu nicht zu sagen?"

Alfred zuckte mit den Achseln. „Es war ein Befehl, und ich habe ihn ausgeführt. So ist das im Krieg. Man bekommt einen Befehl, den muss man ausführen." Er sah Carmen dabei nicht ins Gesicht.

Mit dieser Antwort war Carmen nicht zufrieden. „Wie ist es dazu gekommen?"

„Die Kinder, die kamen aus Auschwitz. Ein Doktor Heißmeyer hat sie angefordert. Er wollte sich mit medizinischen Untersuchungen habilitieren. Er hat zunächst an

Erwachsenen Versuche zur TBC-Behandlung durchgeführt. Aber seine Experimente haben die Kranken nicht geheilt, sondern es ging ihnen im Gegenteil immer schlechter. Daraufhin hat er das Ganze mit Kindern wiederholt. Aber das hat auch nicht funktioniert. Die Kinder sind ebenfalls krank geworden."

„Aber sie sind nicht daran gestorben?"

„Nein, jedenfalls nicht sofort. Sie haben noch gelebt, als einer meiner Vorgesetzten gekommen ist und gesagt hat: ‚Die Kinder müssen weg. Du sollst sie umbringen.'"

„Und was hast du dann gesagt?"

„Ich habe gesagt, ich kann das nicht. Ich habe gar kein Gift. Aber alle wussten, dass das gelogen war. Das war am 20. April. Führers Geburtstag. Die Engländer hatten Lüneburg eingenommen und schickten sich an, die Elbe zu überqueren."

„Und dann hast du gesagt: ‚Nein, das tue ich nicht?'" Das wäre zumindest das gewesen, was Carmen gesagt hätte.

Alfred schüttelte den Kopf. „Das war ein Befehl, Carmen. – Die Kinder sollten nicht in Neuengamme, sondern in der Schule am Bullenhuser Damm umgebracht werden. Da gab es nicht so viele Zeugen. Den Kindern haben wir erzählt, dass sie jetzt zu ihren Eltern gebracht würden. Sie haben sich gefreut, und sie haben ihre Spielsachen mitgebracht. Viel war es ja nicht, was sie hatten. Primitive Autos und Puppen, von anderen Häftlingen aus Holz geschnitzt.

Der Lastwagen stand schon bereit.

Strippel, der hatte das Kommando. Der ist dann zum Bullenhuser Damm vorausgefahren, und ich bin mit den anderen und mit den Kindern und mit den Pflegern im Auto hinterher."

„Die Pfleger auch?"

„Ja, die sollten auch weg.

Und wir, wir saßen auf der Ladefläche hinten bei den Kindern.

Die heitere Stimmung, die beim Aufbruch geherrscht hatte, war inzwischen verflogen. Irgendwann haben die doch gemerkt, dass dies kein fröhlicher Ausflug wird, sondern etwas ganz anderes.

Und mir gegenüber, da saß dieses Mädchen, kaum mehr als zehn Jahre alt. Maria hieß sie, und sie hatte ihre Puppe im Arm. Und sie hat mich angesehen, ganz lange, und schließlich hat sie leise gefragt: ‚Du tust mir doch nichts?'

Und ich, ich habe geantwortet: ‚Hab keine Angst.'"

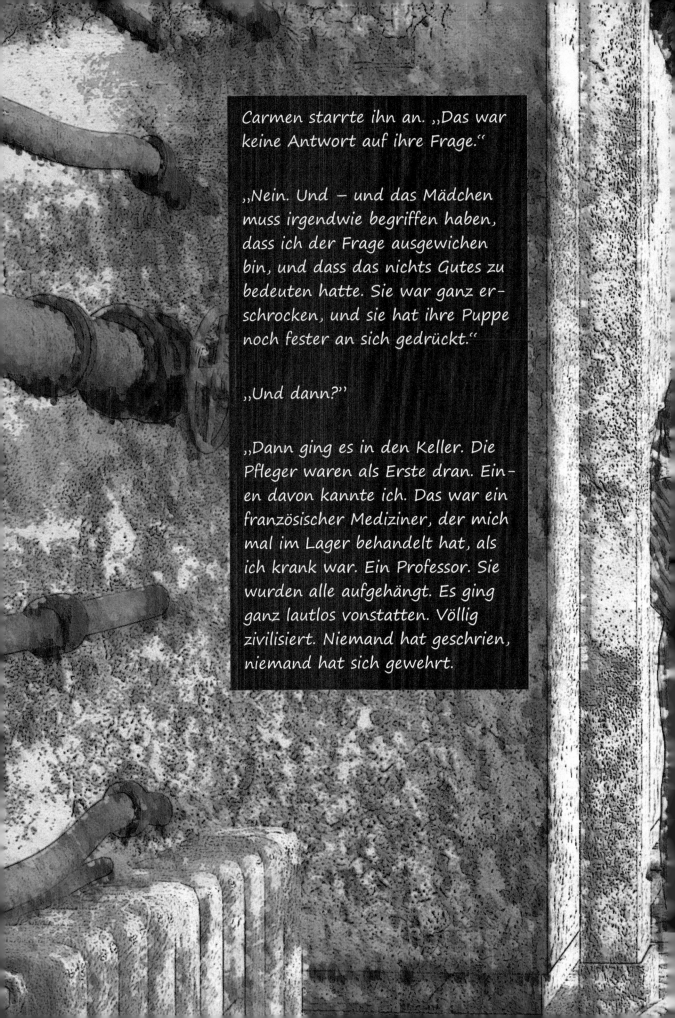

Carmen starrte ihn an. „Das war keine Antwort auf ihre Frage."

„Nein. Und — und das Mädchen muss irgendwie begriffen haben, dass ich der Frage ausgewichen bin, und dass das nichts Gutes zu bedeuten hatte. Sie war ganz erschrocken, und sie hat ihre Puppe noch fester an sich gedrückt."

„Und dann?"

„Dann ging es in den Keller. Die Pfleger waren als Erste dran. Einen davon kannte ich. Das war ein französischer Mediziner, der mich mal im Lager behandelt hat, als ich krank war. Ein Professor. Sie wurden alle aufgehängt. Es ging ganz lautlos vonstatten. Völlig zivilisiert. Niemand hat geschrien, niemand hat sich gewehrt.

Und dann schließlich waren die Kinder an der Reihe."

„Und dann hast du sie umgebracht?"

Alfred schüttelte den Kopf. „Nein. Aber retten konnte ich sie auch nicht. Ich wollte kein Geschrei, keine Panik."

„Aber du hattest deine Pistole dabei?"

„Ja, natürlich. Jetzt glaubst du wahrscheinlich, ich hätte irgendetwas Verrücktes versuchen sollen. Ich hätte die anderen mit der Waffe bedrohen sollen, aber das habe ich nicht gemacht. Das war sinnlos. Es waren zu viele. Ich wäre nicht damit durchgekommen."

„Ich hätte es versucht."

„Du bist nicht dabeigewesen."

Nein, Carmen war nicht dabeigewesen. Aber sie wünschte, sie wäre an Alfreds Stelle gewesen. Sie hätte die Waffe gezogen. Zumindest glaubte sie das in ihrem Zorn.

„Und wie hast du es angestellt, zwanzig Kinder umzubringen, so dass es keine Panik gegeben hat?", fragte sie. „Und kein Geschrei?"

„Ich habe jedem der Kinder eine Morphiumspritze gegeben. Sie sind müde geworden und eingeschlafen, und dann wurden sie schließlich geholt, eins nach dem anderen, und im Nachbarzimmer aufgehängt."

„Schwein", sagte Carmen mit Inbrunst.

Trzebinski schüttelte den Kopf. „Soetwas ist schnell gesagt. Aber das war furchtbar. Ganz furchtbar. Ich hab das nicht ausgehalten. Ich konnte das nicht mit ansehen. Ich bin nach draußen gegangen, eine rauchen. Und dann noch eine ...

Aber als ich schließlich wieder nach drinnen gekommen bin, da hab ich gleich gesehen, dass das Ganze noch immer nicht vorbei war.

Und gerade in dem Augenblick, als ich hereinkam, da haben sie die Maria aufgehängt, die im Auto so lieb gefragt hatte, ob ich ihr nichts tun würde.

Und sie war wach, als sie ihr die Schlinge um den Hals gelegt haben. Und sie hat mich angesehen. Und dann wurde die Schlinge zugezogen.

Die Maria, die hat nichts gesagt. Wahrscheinlich konnte sie nichts sagen, weil sie keine Luft mehr bekommen hat, aber sie hat mich angesehen."

Carmen hatte ihre Fäuste geballt. Sie hoffte, dass wenigstens jetzt dieser Arzt, dieser Mediziner, der einmal einen Eid geleistet hatte, den Menschen zu helfen, dass er wenigstens jetzt das Kind heruntergeschnitten hätte und zumindest versucht hätte, mit ihm davonzulaufen. Aber er hatte etwas ganz anderes gemacht.

„Die Kinder wurden einfach an Haken an der Wand aufgehängt", sagte Trzebinski. „Die Erwachsenen waren zu groß. Da hatten sie den Strick über die Heizungsrohre an der Decke geworfen und sie daran hochgezogen. Aber das war ihnen für die Kinder zu mühsam. Der Frahm, der hat gesagt, dass er wüsste, wie man sowas macht, und er konnte einen Henkerknoten binden. Der sorgt dafür, dass einem sofort das Genick bricht, wenn man aufgehängt wird."

„Aber das Mädchen war nicht tot."

„Nein. Der Henkerknoten wirkt nur, wenn ein Erwachsener aus größerer Höhe in die Schlinge fällt. Aber in diesem Keller gab es keine größere Höhe, und außerdem waren die Kinder viel zu leicht. Und als ich gesehen habe, wie das kleine Mädchen noch lebt, da bin ich nach vorn gesprungen, habe sie an den Beinen gepackt und mich auf den Boden geworfen. Und dann war sie tot."

Trzebinski schwieg einen Augenblick.

„Jemand hat gelacht", sagte er schließlich. „Jemand hat mich ausgelacht. Das war das Schlimmste."

Es war bei dem ungewissen Licht in dem Keller nicht klar zu erkennen, aber Carmen hatte einen kurzen Moment lang das Gefühl, dass der Mann weinte.

„Das war furchtbar für mich", sagte Trzebinski.

Da begriff Carmen, dass er nur Mitleid mit sich selbst hatte. Sie schwieg. Sie dachte an die lila Blumen, die sie gepflückt aber nicht zubereitet hatte. Noch wäre es Zeit, sie dem Mörder zu servieren. Sie rang mit sich.

„Du verachtest mich", stellte Trzebinski fest. Es war ganz offensichtlich, dass er hoffte, Carmen würde ihm widersprechen, aber das tat sie nicht.

„Du verachtest mich", setzte Trzebinski noch einmal an, „und doch steht dir hier jetzt derselbe Mann gegenüber wie gestern auch. Derselbe Mann, mit dem du das Bett geteilt hast. Und zwischen gestern und heute hat sich nichts ereignet, was aus einem Engel ein Monster gemacht hat. Ich bin noch immer derselbe Mensch. Ein ganz normaler Mensch."

„Derselbe Mensch, ja, das ist das Problem. So sind sie alle, die Mörder. Ganz normale Menschen."

Alfred widersprach. „Ich bin kein Mörder. Kein Gericht der Welt darf mich verurteilen. Ich hatte überhaupt keine Wahl. Ein Soldat muss seine Befehle ausführen, das weiß doch jeder. Ich habe einfach nur getan, was man mir gesagt hat. Ich habe nichts gegen Juden.

Und gegen Kinder schon gar nicht. Ich habe ja selbst eine Tochter. Das Foto, wo habe ich es denn ..." Er kramte in seiner Tasche. „Hier. Die ist genauso alt wie die Maria, von der ich dir erzählt habe. Und der Krieg, diese Arbeit im KZ, das war alles schlimm für mich, das kannst du mir glauben. Aber nun ist es vorbei. Nun beginnt ein neues Leben ..."

„Nein." Carmen schüttelte den Kopf. „So geht das nicht. Du kannst dich nicht einfach davonstehlen, als wäre nichts geschehen. Du musst dich verantworten.

Du musst dich verantworten, und zwar vor zwei sehr unterschiedlichen Instanzen. Das eine sind die Gerichte. Ich arbeite als Übersetzerin für die Engländer. Ich kann dir sagen, dass sie alles über die Kinder von Neuengamme wissen. Und ich kann dir sagen, dass sie alles daransetzen werden, die Schuldigen für diese Morde zur Rechenschaft zu ziehen.

Du kannst versuchen, dich in Sicherheit zu bringen. Kämpfe um dein Leben. Das Leben ist das höchste Gut. Jeder hat das Recht, es so teuer wie möglich zu verkaufen. Du kannst lügen, wenn es erforderlich ist. Du bist Arzt, du bist ein gebildeter Mensch, du hast viele Worte zur Verfügung, mit denen du dich verteidigen kannst. Nutze sie weise.

Das Mädchen, von dem du mir berichtet hast, hatte nicht so viele Worte. Sie hat nur gesagt: ‚Du tust mir doch nichts?' Sehr schöne Worte, wie ich finde. Aber auch die haben ihr nichts genützt. Vielleicht hast du mehr Glück."

„Ich bin doch selbst nur ein Opfer!" Der KZ-Arzt war empört. „Es steht dir überhaupt nicht zu, über mich zu richten."

„Nein, das steht mir nicht zu. Das will ich mir auch nicht anmaßen. Aber wenn du wirklich vom Gericht freigesprochen werden solltest, dann musst du wissen, dass es noch eine andere Instanz gibt. Und das ist dein Gewissen. Gegen das Gewissen helfen keine Ausreden und keine Lügen. Es lässt sich nicht täuschen."

„Ich habe keine Angst vor dem Gericht, und ich habe erst recht keine Angst vor meinem Gewissen", rief Alfred Trzebinski ärgerlich. Er würde sie erwürgen, noch heute Nacht.

Aber Carmen verließ ihn in dieser Minute, und sie kehrte nie wieder in die Billstraße zurück.

Dr. Alfred Trzebinski hat es wirklich gegeben, mit seinen neuen Papieren ist er zunächst in Husum untergetaucht. Am 1. Februar 1946 wurde er verhaftet und anschließend vor Gericht gestellt. Am 3. Mai wurde er zum Tod durch den Strang verurteilt. Bis zu seiner Hinrichtung am 8. Oktober hatte er viel Zeit, sich mit seinem Gewissen auseinanderzusetzen. In seinen schriftlichen Äußerungen, soweit sie mir zugänglich sind, kommt das Wort >Reue< nicht vor. Vielleicht hat Trzebinski in Gedanken seine Tat bereut. Vielleicht auch nicht.

Keines der ermordeten Kinder hieß Maria. Sie steht hier stellvertretend für die toten Kinder und alle anderen Häftlinge, die im KZ Neuengamme ermordet worden sind. Carmen ist ebenfalls erfunden.

Seit 1980 gibt es eine Gedenkstätte im Keller der ehemaligen Schule am Bullenhuser Damm. In dem Rosengarten neben dem Schulgelände sind Grabmale für die ermordeten Kinder errichtet worden. Eine Inschrift lautet:

„Hier stehst du schweigend. Doch wenn du dich wendest, schweige nicht."

Quellen:

KZ-Gedenkstätte Neuengamme (Hrsg.) (2011): Gedenkstätte Bullenhuser Damm. 68 S.

Schwarberg, G. (1988): Der SS-Arzt und die Kinder vom Bullenhuser Damm. Göttingen, Steidl, 175 S.

Schwarberg, G. (2005): Zwanzig Kinder erhängen dauert lange. „Die Zeit" vom 6. April 2005.